# SOLFÈGE

## DE

# RODOLPHE

## NOUVELLE ÉDITION

Dans laquelle les Leçons en Clés de SOL,

d'UT et de FA, trop hautes, ont été baissées



PARIS.

IKELMER FRÈRES, ÉDITEURS,

23, Rue Neuve des Mathurins.

# SOLFÈGE DE RODOLPHE.

## PREMIÈRE PARTIE.

### PRINCIPES ÉLÉMENTAIRES DE MUSIQUE.

## ARTICLE I.

### DE LA POSITION DE LA CLEF.

**DEMANDE.** *Où pose-t-on la clef de sol?*

**RÉPONSE.** Sur la seconde ligne.

## ARTICLE II.

### DU NOMBRE DE NOTES
### QUI SERVENT A ÉCRIRE LA MUSIQUE.

**D.** *Combien y a-t-il de Notes dans la musique?*

**R.** Sept.

**D.** *Comment les nomme-t-on?*

**R.** UT, RÉ, MI, FA, SOL, LA, SI.

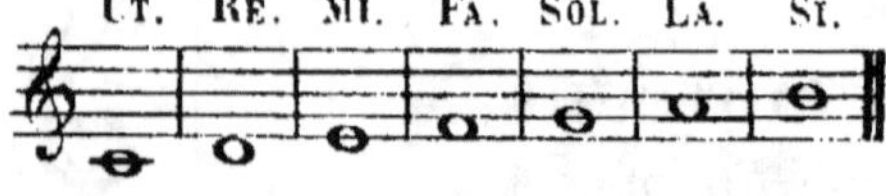


**D.** *Combien ces sept notes font-elles de tons?*

**R.** Cinq tons et deux demi-tons diato_niques lorsqu'on y joint l'octave, qui est la répétition du premier son.

**D.** *Sur quels degrés se trouvent les deux de_mi-tons dans le mode majeur?*

**R.** Du troisième au quatrième degré et du septième au huitième degré.

**D.** *Sur quels degrés se trouvent les deux de_mi-tons dans le mode mineur?*

**R.** Du deuxième au troisième degré et du septième au huitième degré.

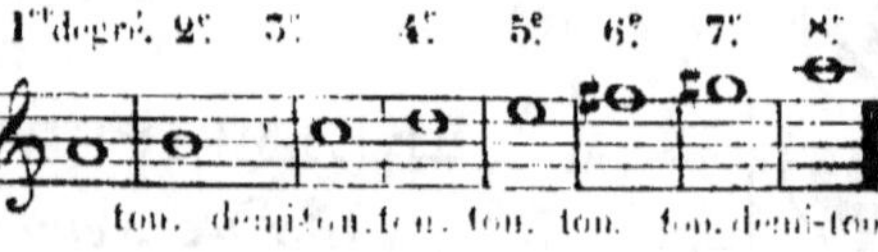


L.PARENT, Grav. R.Rodier 61          I.F. 3192.

# ARTICLE III.

## DE LA VALEUR DES NOTES.

| DEMANDES. | RÉPONSES. |
|---|---|
| Combien la Ronde vaut-elle | |
| — de Blanches?........Deux. | |
| — de Noires?........Quatre. | |
| — de Croches?........Huit. | |
| — de Doubles croches?....Seize. | |
| — de Triples croches?.....Trente-deux. | |
| — de Quadruples croches? Soixante-quatre. | |
| Combien la Blanche vaut-elle | |
| — de Noires?........Deux. | |
| — de Croches?........Quatre. | |
| — de Doubles croches?....Huit. | |
| — de Triples croches?....Seize. | |
| — de Quadruples croches? Trente-deux. | |

| DEMANDES. | RÉPONSES. |
|---|---|
| Combien la Noire vaut-elle | |
| — de Croches?........Deux. | |
| — de Doubles croches?......Quatre. | |
| — de Triples croches?......Huit. | |
| — de Quadruples croches?....Seize. | |
| Combien la Croche vaut-elle | |
| — de Doubles croches?......Deux. | |
| — de Triples croches?......Quatre. | |
| — de Quadruples croches?.....Huit. | |
| Combien la Double croche vaut-elle | |
| — de Triples croches?......Deux. | |
| — de Quadruples croches?...Quatre. | |
| Combien la Triple croche vaut-elle | |
| de Quadruples croches?....Deux. | |

## TABLEAU SYNOPTIQUE DE LA VALEUR RELATIVE DES NOTES.

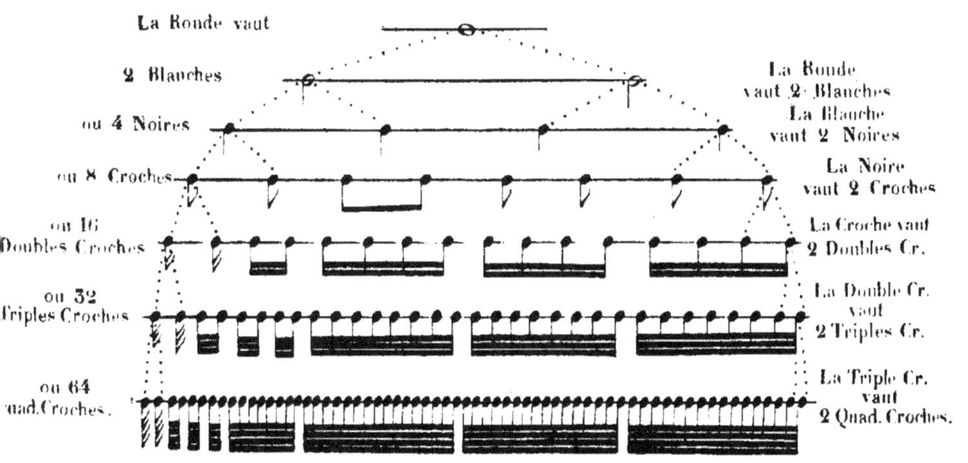

# ARTICLE IV.

## DE LA VALEUR DU POINT APRÈS LA NOTE.

**D.** *Que fait le point après une note quelconque?*

**R.** Il augmente la note de la moitié de sa valeur.

**D.** *Combien vaut une Ronde avec un point?*

**R.** Trois Blanches.

**D.** *Une Blanche avec un point?*

**R.** Trois Noires.

**D.** *Une Noire avec un point?*

**R.** Trois Croches.

**D.** *Une Croche avec un point?*

**R.** Trois Doubles croches.

**D.** *Une Double croche avec un point?*

**R.** Trois Triples croches.

**D.** *Une Triple croche avec un point?*

**R.** Trois Quadruples croches.

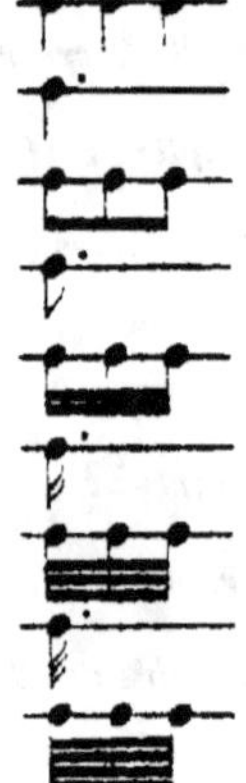

Un second point augmente encore la note de la moitié de la valeur du premier point.

### EXEMPLE:

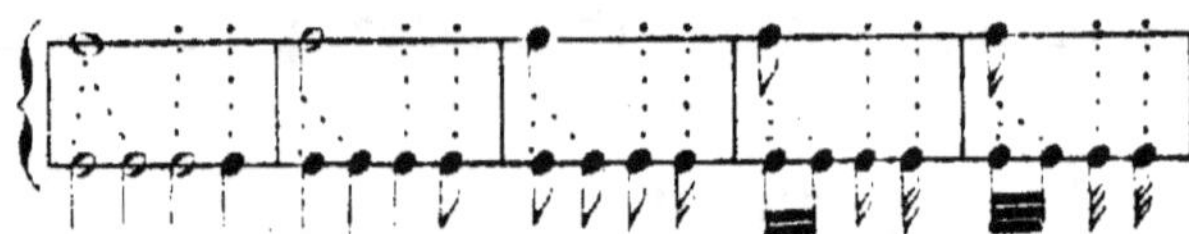

Le point et le second point se placent aussi après les silences avec les **mêmes** conditions de valeur que pour les notes.

Il y a des groupes de trois et six notes ; désignés par un **3** ou par un **6**, qu'on appelle *triolets* et *sixains*, les *triolets* prennent la valeur de deux notes et les *sixains* la valeur de quatre

### EXEMPLE:

# ARTICLE V.

## DU NOM ET DE LA VALEUR DES SILENCES.

*Comment marque-t-on le silence d'une Ronde ?*

**R.** Par une pause.
(La pause se place sous la ligne)

*Comment marque-t-on le silence d'une Blanche ?*

**R.** Par une demi-pause.
(La demi-pause se place sur la ligne)

*Comment marque-t-on le silence d'une Noire ?*

**R.** Par un soupir.

*Comment marque-t-on le silence d'une Croche ?*

**R.** Par un demi-soupir.

*Comment marque-t-on le silence d'une Double croche ?*

**R.** Par un quart de soupir.

*Comment marque-t-on le silence d'une Triple croche ?*

**R.** Par un huitième ou demi-quart de soupir.

*Comment marque-t-on le silence d'une Quadruple croche ?*

**R.** Par un seizième de soupir.

*Comment marque-t-on le silence de deux mesures ?*

**R.** Par un seul signe que l'on nomme bâton de deux pauses.

*Comment marque-t-on le silence de quatre mesures ?*

**R.** Par un seul signe que l'on nomme bâton de quatre pauses.

La pause sert aussi de silence pour toute espèce de mesure.

EX:

Assez généralement on indique par un chiffre au-dessus du signe le nombre des mesures qu'il faut compter en silence, et, quand on a un nombre qui excède celui de quatre, on le marque avec les signes désignés ci-dessous, répétés autant de fois qu'il est nécessaire pour former le nombre que l'on désire.

EX:

# ARTICLE VI.

## DES SIGNES DE MESURE.

**D.** *Combien y a-t-il de mesures usitées?*

**R.** Trois: la mesure à QUATRE TEMPS, la mesure à DEUX TEMPS et la mesure à TROIS TEMPS.

**D.** *Comment se marque la mesure à quatre temps?*

**R.** Par un C.

**D.** *Comment se marque la mesure à deux temps?*

**R.** Par le chiffre 2 ou par le chiffre 2 avec un 4 dessous ou par un C barré.

**D.** *Comment se marque la mesure à trois temps?*

**R.** Par le chiffre 3, ou par le chiffre 3 avec un 4 dessous.

Battre la mesure, c'est indiquer par des mouvements de bras la division des temps qui la composent.

**A DEUX TEMPS.**

le 1.er temps est frappé et le 2.e levé.

**A TROIS TEMPS.**

le 1.er est frappé, le 2.e marqué à droite et le 3.e levé.

**A QUATRE TEMPS.**

le 1.er temps est frappé, le 2.e marqué à gauche, le 3.e à droite et le 4.e levé

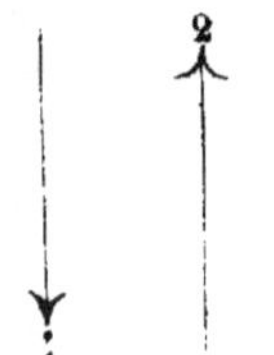
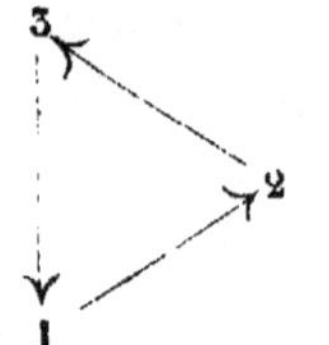
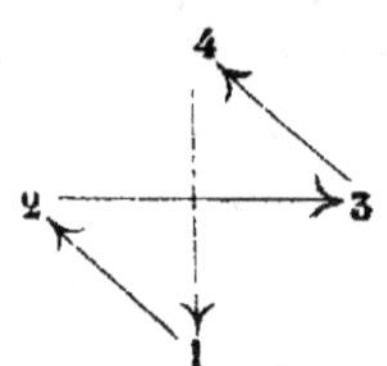

# ARTICLE VII.

## DES SIGNES DES MESURES COMPOSÉES DÉRIVÉES DES MESURES SIMPLES.

**D.** *Combien y a-t-il de mesures composées?*

**R.** Trois: la mesure à DOUZE-HUIT, la mesure à SIX-HUIT et la mesure à TROIS-HUIT.

**D.** *Comment se marque la mesure à douze-huit?*

**R.** Par le chiffre 12 avec un 8 dessous.

**D.** *Comment se marque la mesure à six-huit?*

**R.** Par le chiffre 6 avec un 8 dessous.

**D.** *Comment se marque la mesure à trois-huit?*

**R.** Par le chiffre 3 avec un 8 dessous.

*Règle.* — Lorsque la mesure est indiquée par deux nombres placés l'un sur l'autre, si ces nombres sont pairs tous deux, la mesure se bat à deux temps; s'il y en a un d'impair, la mesure se bat à trois temps.

Comme seule exception la mesure $\frac{12}{8}$ se bat à quatre temps.

*Autre règle.* — Dans le même cas de deux nombres placés l'un sur l'autre pour marquer la mesure, le nombre inférieur indique quelles sont les valeurs de la ronde dont se compose la mesure, et le nombre supérieur en quelle quantité elles y entrent.

Ainsi dans la mesure $\frac{2}{4}$ le chiffre supérieur signifie que la mesure est formée de deux fois la valeur du nombre inférieur, qui lui-même indique que ces valeurs sont des quarts de ronde; le quart de la ronde étant la noire, $\frac{2}{4}$ signifie que la mesure se compose de deux noires.

De même $\frac{3}{4}$ indique une mesure qui se compose de trois quarts de ronde ou trois noires.

# ARTICLE VIII.

## DE LA FIGURE ET DE L'EFFET DU DIÈZE, DU BÉMOL ET DU BÉCARRE.

Le DIÈSE se marque ainsi: ♯
Le BÉMOL se marque ainsi: ♭
Le BÉCARRE se marque ainsi: ♮

**D.** *Dans quel mode sont les notes naturelles?*

**R.** Dans le ton d'UT naturel.

**D.** *Que fait le dièze devant une note naturelle?*

**R.** Il hausse la note d'un demi-ton chromatique.

**D.** *Que fait le bémol devant une note naturelle?*

**R.** Il baisse la note d'un demi-ton chromatique.

**D.** *Comment faut-il que la note soit pour pouvoir mettre un dièze ou un bémol devant?*

**R.** Il faut que la note soit naturelle.

**D.** *Que fait le bécarre devant une note?*
Il remet la note dans son ton naturel.

**D.** *Comment faut-il que la note soit pour pouvoir mettre un bécarre devant?*

**R.** Il faut que la note soit diésée ou bémolisée.

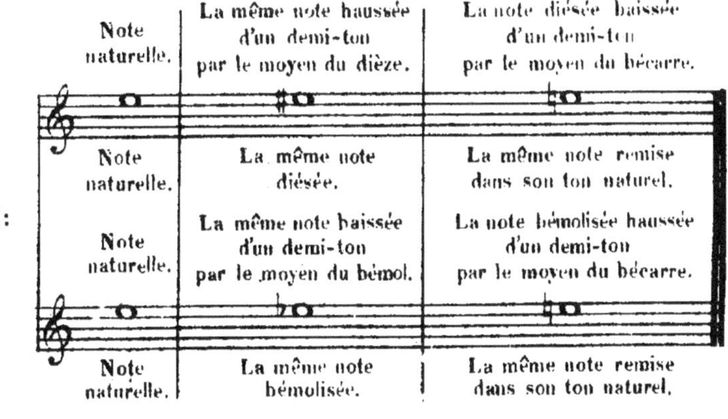

# ARTICLE IX.

## DE LA POSITION DES DIÈZES ET DES BÉMOLS.

D. *Comment se posent les dièses?*

R. De quinte en quinte en montant.

| DEMANDES. | RÉPONSES. |
| --- | --- |
| Où se pose le premier dièse?.... | Sur le FA. |
| — le second?....... | Sur l' UT. |
| — le troisième?...... | Sur le SOL. |
| — le quatrième?..... | Sur le RÉ. |
| — le cinquième?..... | Sur le LA. |
| — le sixième?....... | Sur le MI. |
| — le septième?...... | Sur le SI. |
| — le huitième?....... | Sur le FA. |

D. *Comment se posent les bémols?*

R. De quinte en quinte en descendant.

| DEMANDES. | RÉPONSES. |
| --- | --- |
| Où se pose le premier bémol?... | Sur le SI. |
| — le second?....... | Sur le MI. |
| — le troisième?..... | Sur le LA. |
| — le quatrième?..... | Sur le RÉ. |
| — le cinquième?..... | Sur le SOL. |
| — le sixième?....... | Sur l' UT. |
| — le septième?...... | Sur le FA. |
| — le huitième?....... | Sur le SI. |

EXEMPLE :

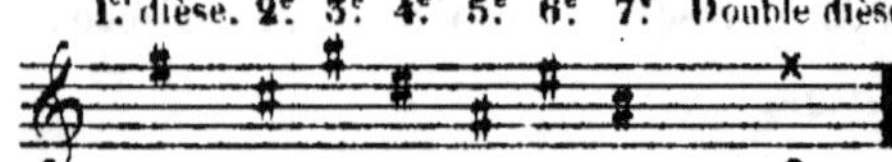


EXEMPLE :



# ARTICLE X.

## DE LA DISTINCTION DU MODE MAJEUR ET DU MODE MINEUR.

D. *Combien y a-t-il de modes?*

R. Deux, le mode majeur et le mode mineur.

D. *Quel est le modèle des tons majeurs?*

R. C'est le ton d'UT naturel.

### MODE MAJEUR.

D. *Où connait-on lorsqu'un mode est majeur?*

R. Quand il y a deux tons du premier au troisième degré.

D. *Quel est le modèle des tons mineurs?*

R. C'est le ton de LA naturel.

D. *Qu'entendez-vous par ton naturel?*

R. C'est lorsqu'il n'y a ni dièse ni bémol à la clef.

### MODE MINEUR.

D. *Où connait-on lorsqu'un mode est mineur?*

R. Quand il n'y a qu'un ton et un demi-ton du premier au troisième degré.

# ARTICLE XI.

## DU NOMBRE DE DIÈSES QU'IL FAUT À CHAQUE TON MAJEUR, AVEC SON TON RELATIF.[1]

**D.** *Dans quel ton est un morceau lorsqu'il n'y a ni dièses ni bémols à la clef?*

**R.** En UT majeur ou en LA mineur. (Ex: 1.)

**D.** *Dans quel ton est-on avec un dièze à la clef?*

**R.** En SOL majeur ou en MI mineur. (Ex: 2.)

**D.** *Et avec deux dièzes?*

**R.** En RÉ majeur ou en SI mineur. (Ex: 3.)

**D.** *Et avec trois dièzes?*

**R.** En LA majeur ou en FA # mineur. (Ex: 4.)

**D.** *Et avec quatre dièses?*

**R.** En MI majeur ou en UT # mineur. (Ex: 5.)

**D.** *Et avec cinq dièses?*

**R.** En SI majeur ou en SOL # mineur. (Ex: 6.)

**D.** *Et avec six dièses?*

**R.** En FA # majeur ou en RÉ # mineur. (Ex: 7.)

**D.** *Et avec sept dièses?*

**R.** En UT # majeur ou en LA # mineur. (Ex: 8.)

## EXEMPLES.



# ARTICLE XII.

## DU NOMBRE DE BÉMOLS QU'IL FAUT À CHAQUE TON MAJEUR, AVEC SON TON RELATIF.

**D.** *Dans quel ton est un morceau avec un bémol à la clef?*

**R.** En FA majeur ou en RÉ mineur. (Ex: 1.)

**D.** *Et avec deux bémols?*

**R.** En SI ♭ majeur ou en SOL mineur. (Ex: 2.)

**D.** *Et avec trois bémols?*

**R.** En MI ♭ majeur ou en UT mineur. (Ex: 3.)

**D.** *Et avec quatre bémols?*

**R.** En LA ♭ majeur ou en FA mineur. (Ex: 4.)

**D.** *Et avec cinq bémols?*

**R.** En RÉ ♭ majeur ou en SI ♭ mineur. (Ex: 5.)

---

[1] Un ton est relatif d'un autre ton, lorsqu'il est désigné à la clef par la même quantité de dièses ou de bémols: ainsi le ton de MI mineur est relatif de SOL majeur, vu qu'ils sont tous deux désignés à la clef par le même signe; il en est de même des autres tons. (Voyez les exemples ci-dessous

I. F.

. *Et avec six bémols?*  | **D.** *Et avec sept bémols?*

. En **SOL** ♭ **majeur** ou en **MI** ♭ **mineur**. (Ex. 6.) | **R.** En **UT** ♭ **majeur** ou en **LA** ♭ **mineur**. (Ex. 7.)

## EXEMPLES.

# ARTICLE XIII.

## MOYEN DE CONNAITRE LA TONIQUE DANS LES MODES MAJEURS ET MINEURS AVEC DES DIÈSES.

**D.** *Dans les modes majeurs avec des dièzes, où se pose la tonique?*

**R.** Un degré d'un demi-ton diatonique au dessus du dernier dièse posé à la clef.

**D.** *Dans les modes mineurs avec des dièzes, où se pose la tonique?*

**R.** Un degré d'un ton au-dessous du dernier dièse posé à la clef.

## TABLEAU DE TOUS LES MODES MAJEURS ET MINEURS AVEC DES DIÈSES.



Remarquez que chaque tonique est toujours posée un degré au-dessus du dernier dièze dans les modes majeurs, et un degré au-dessous du dernier dièze dans les modes mineurs avec dièzes.

# ARTICLE XIV.

### MOYEN DE CONNAITRE LA TONIQUE DANS LES MODES MAJEURS ET MINEURS AVEC DES BÉMOLS.

**D.** *Dans les modes majeurs avec des bémols, où se pose la tonique?*

**R.** Quatre degrés au-dessous du dernier bémol posé à la clef.[1]

**D.** *Dans les modes mineurs avec des bémols, où se pose la tonique?*

**R.** Six degrés au dessous du dernier bémol posé à la clef.

### TABLEAU DE TOUS LES MODES MAJEURS ET MINEURS AVEC DES BÉMOLS.

Remarquez que chaque tonique est toujours posée quatre degrés au-dessous du dernier bémol dans les modes majeurs, et six degrés au dessous du dernier bémol dans les modes mineurs avec des bémols.

# ARTICLE XV.

### POUR SE FAMILIARISER AVEC LES DEGRÉS DE TOUTES LES GAMMES.

**D.** *Combien y a-t-il de notes dans la gamme?*
**R.** Huit.
**D.** *Combien ces huit notes font-elles de degrés?*
**R.** Huit.

**D.** *Quel est le premier degré d'un mode quelconque?*
**R.** La tonique.

### GAMME DU TON D'UT, SERVANT DE RÈGLE POUR TOUS LES TONS.

| DEMANDES. | RÉPONSES. | DEMANDES. | RÉPONSES. |
|---|---|---|---|
| *Dans le ton d'Ut, quel est le premier degré?* | C'est l'UT ou tonique. | *Quel est le septième?* | Le SI ou sensible. |
| *Quel est le second degré?* | Le RÉ ou sus-tonique. | *— le huitième?* | L'UT ou l'octave. |
| *— le troisième?* | Le MI ou médiante. | **D.** *Est-il nécessaire de nommer l'octave huitième degré?* | |
| *— le quatrième?* | Le FA ou sous-dominante | **R.** Il est indifférent de nommer l'octave huitième ou premier degré, vu que l'octave n'est que la répétition du premier degré, que l'on nomme tonique. | |
| *— le cinquième?* | Le SOL ou dominante. | | |
| *— le sixième?* | Le LA ou sus-dominante. | | |

### EXEMPLES.

[1] Dans les mêmes modes avec plusieurs bémols, l'avant dernier bémol indique la position de la tonique; quand il n'y a qu'un seul bémol, il faut savoir que la tonique est FA.

Le même ordre subsiste dans toutes les autres gammes.

## ARTICLE XVI.

### DES DEUX GENRES DE DEMI-TONS ET DE LA MANIÈRE DE LES DISTINGUER.

**D.** *Combien y a-t-il de sortes de demi-tons?*
**R.** Deux, le demi-ton diatonique et le demi-ton chromatique.

**D.** *Comment connaît-on le demi-ton diatonique?*
**R.** C'est lorsque deux notes sont placées l'une sur la ligne, l'autre dans l'intervalle le plus prochain.

#### EXEMPLES DE DEMI-TONS DIATONIQUES.

**D.** *Comment connaît-on le demi-ton chromatique?*
**R.** C'est lorsque deux notes sont sur la même ligne ou sur le même intervalle par le moyen du dièze ou du bémol.

#### EXEMPLES DE DEMI-TONS CHROMATIQUES.

## ARTICLE XVII.

### INTERVALLE DES NOTES DANS L'ORDRE NATUREL.

| DEMANDES. | RÉPONSES. | DEMANDES. | RÉPONSES. |
|---|---|---|---|
| *Comment nomme-t-on deux notes sur le même degré, je suppose Ut et Ut?* | Unisson. | *Comment nomme-t-on la distance* | |
| *Comment nomme-t-on la distance* | | *d'Ut à Sol?* | Quinte. |
| *d'Ut à Ré?* | Seconde. | *d'Ut à La?* | Sixte. |
| *d'Ut à Mi?* | Tierce. | *d'Ut à Si?* | Septième. |
| *d'Ut à Fa?* | Quarte. | *d'Ut à Ut?* | Octave. |

### EXEMPLES.

# ARTICLE XVIII.

## RENVERSEMENT DES INTERVALLES DANS L'ORDRE NATUREL.[1]

D. *Que devient un unisson renversé?*
R. Octave.

D. *Que devient une seconde renversée?*
R. Septième.

D. *Que devient une tierce renversée?*
R. Sixte.

D. *Que devient une quarte renversée?*
R. Quinte.

D. *Que devient une quinte renversée?*
R. Quarte.

D. *Que devient une sixte renversée?*
R. Tierce.

D. *Que devient une septième renversée?*
R. Seconde.

D. *Que devient une octave renversée?*
R. Unisson.

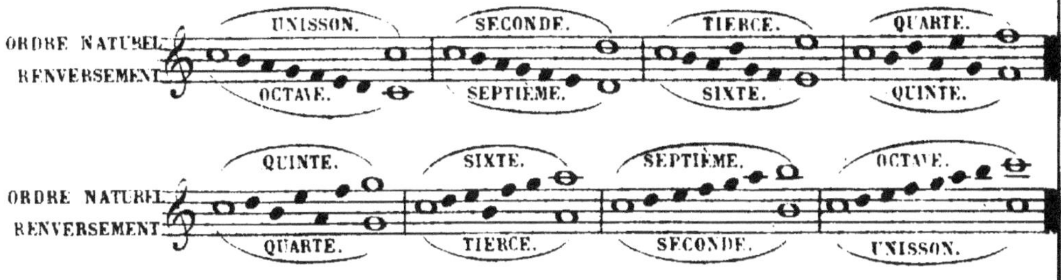


# ARTICLE XIX.

## COMPOSITION DES INTERVALLES.

D. *De quoi est composée une seconde mineure?*
R. D'un demi ton.

D. *Une seconde majeure?*
R. D'un ton.

D. *Une seconde augmentée?*
R. D'un ton et d'un demi-ton.

D. *De quoi est composée une tierce diminuée?*
R. De deux demi-tons.

D. *Une tierce mineure?*
R. D'un ton et d'un demi-ton.

D. *Une tierce majeure?*
R. De deux tons.

D. *De quoi est composée une quarte diminuée?*
R. D'un ton et deux demi-tons.

D. *Une quarte juste?*
De deux tons et un demi-ton.

D. *Une quarte augmentée?*
R. De trois tons.

D. *De quoi est composée une quinte diminuée?*
R. De deux tons et deux demi-tons.

D. *Une quinte juste?*
R. De trois tons et un demi-ton.

D. *Une quinte augmentée?*
R. De trois tons et deux demi-tons.

D. *De quoi est composée une sixte mineure?*
R. De trois tons et deux demi-tons.

*Une sixte majeure?*
R. De quatre tons et un demi-ton.

*Une sixte augmentée?*
R. De quatre tons et deux demi-tons.

(1) On trouvera aisément le renversement d'un intervalle donné en se rappelant que les nombres qui dis-
tinguent un intervalle de son renversement étant réu-
nis, doivent former le nombre neuf. Ainsi l'unisson
(marqué par le nombre 1) donne l'octave (marquée par
le nombre 8): la seconde donne la septième, la tierce
donne la sixte, la quarte donne la quinte, la sixte donne
la tierce, la septième donne la seconde, de l'addition
de chacun de ces couples résulte le nombre neuf.

D. *De quoi est composée une septième dimi-nuée?* R. De trois tons et trois demi-tons.

D. *Une septième mineure?* R. De quatre tons et deux demi-tons.

D. *Une septième majeure?* R. De cinq tons et d'un demi-ton.

D. *De quoi est composée l'octave?* R. De cinq tons et deux demi-tons.

## ARTICLE XX.

### DU RENVERSEMENT DES INTERVALLES DU MINEUR AU MAJEUR ET DE L'AUGMENTÉ AU DIMINUÉ.

D. *Que devient une seconde mineure renversée?* ...... R. Une septième majeure.

D. — *une seconde majeure renversée?* ...... R. Une septième mineure.

D. — *une seconde augmentée renversée?* .... R. Une septième diminuée.

D. — *une tierce diminuée renversée?* ...... R. Une sixte augmentée.

D. — *une tierce mineure renversée?* ...... R. Une sixte majeure.

D. — *une tierce majeure renversée?* ...... R. Une sixte mineure.

D. — *une quarte diminuée renversée?* ...... R. Une quinte augmentée.

D. — *une quarte juste renversée?* ........ R. Une quinte juste.

D. — *une quarte augmentée renversée?* .... R. Une quinte diminuée.

D. — *une quinte diminuée renversée?* ...... R. Une quarte augmentée.

D. — *une quinte juste renversée?* ........ R. Une quarte juste.

D. — *une quinte augmentée renversée?* ...... R. Une quarte diminuée.

D. — *une sixte mineure renversée?* ...... R. Une tierce majeure.

D. — *une sixte majeure renversée?* ...... R. Une tierce mineure.

D. — *une sixte augmentée renversée?* .... R. Une tierce diminuée.

D. — *une septième diminuée renversée?* .... R. Une seconde augmentée.

D. — *une septième mineure renversée?* .... R. Une seconde majeure.

D. — *une septième majeure renversée?* .... R. Une seconde mineure.

## ARTICLE XXI.

### SIGNES EMPLOYÉS DANS LA MUSIQUE.

#### NOTES DÉTACHÉES.

Les notes détachées sec sont quel-quefois designées par des petits points ou des petites barres que l'on met au des-sus.

#### NOTES COULÉES, LIÉES ET SYNCOPÉES.

Les notes coulées, liées ou syncopées sont désignées par ce signe ⌒.

### REPRISES.

Les quatre signes marqués ci-après servent à séparer les reprises d'un morceau de musique.

Le premier signe, qui n'a pas de points, indique qu'il faut aller de suite; le second, qui a des points à gauche marque qu'il faut dire deux fois la première reprise; le troisième, qui a des points à droite, marque qu'il faut dire deux fois la seconde reprise; enfin le quatrième, qui a des points des deux côtés, marque qu'il faut dire deux fois chaque reprise.

### RENVOI.

Le *Renvoi* ✖ sert à ramener de la fin d'un morceau de musique au commencement. On met toujours deux renvois: le second ramène au premier.

### POINT D'ORGUE.

Le *Point d'orgue*, que l'on nomme aussi *Fermat*, ou *Point d'arrêt* est un repos que l'on fait plus ou moins long.

Pendant ce repos la partie récitante (s'il y en a une) a quelquefois le loisir de faire différents passages à sa volonté. Dans d'autres cas, le point d'orgue est un repos général.

### SIGNES D'INTENSITÉ.

Le signe marqué ainsi ⟨ sert à indiquer qu'il faut augmenter les sons.

Le signe marqué ainsi ⟩ sert à indiquer qu'il faut diminuer les sons.

Et le signe marqué ainsi ⟨⟩ sert à indiquer qu'il faut augmenter le son jusqu'au milieu, et ensuite le diminuer.

### CADENCES.

La *Cadence*[1] se fait par le moyen de deux notes que l'on fait entendre successivement; le battement de ces deux notes prend ordinairement son appui sur la penultième note d'une phrase musicale.

Il y a deux sortes de cadences: l'une est la cadence pleine; elle consiste à ne commencer le battement de voix qu'après en avoir appuyé la note supérieure l'autre s'appelle cadence brisée et l'on y fait le battement de voix sans aucune préparation.

### EXEMPLE.

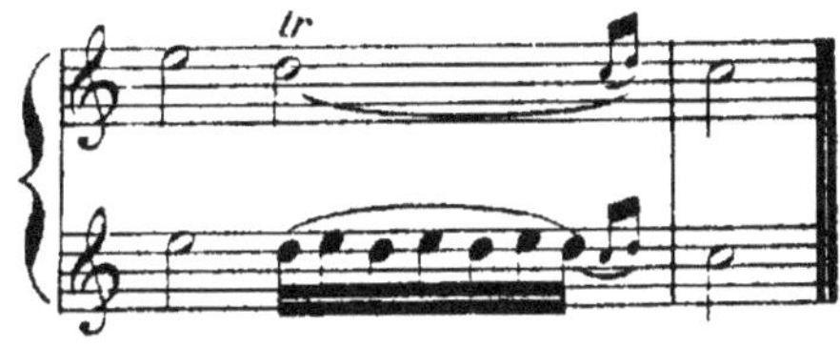


---

[1] C'est à tort que l'on se sert du mot *cadence*; en ce cas il faut dire *trille*.

# ARTICLE XXII.

### LISTE DES TERMES ITALIENS POUR L'INDICATION DES MOUVEMENTS ET DES NUANCES.

## DU MOUVEMENT.

D. *Qu'est-ce que le mouvement en musique?*
R. Le mouvement est le degré de len-
teur ou de vitesse que l'on donne à la
mesure et dans lequel on exécute un
morceau de musique.

| TERMES ITALIENS. | SIGNIFICATIONS. |
|---|---|
| Grave. | Grave, le plus lent de tous les mouvements. |
| Largo. | Large, sévère. |
| Lento. | Lent. |
| Larghetto. | Largement, moins sévère que Largo. |
| Adagio. | Lentement, posément. |
| Sostenuto. | Soutenu, lentement en soutenant les sons. |
| Maestoso. | Majestueux. |
| Affetuoso. | Affectueux. |
| Cantabile. | Chanter avec goût, avec grâce. |
| Tempo di menuetto. | Temps de menuet. |
| Tempo di marcia. | Temps de marche. |
| Andante. | Allez, mouvement gracieux. |
| Andantino. | Un peu moins lent que l'Andante. |
| Tempo giusto. | Temps juste, ni trop lent ni trop vite. |
| Grazioso. | Gracieux. |
| Allegretto ou All.$^{tto}$ | D'une vivacité modérée et gracieuse. |
| Allegro ou All.$^{o}$ | Gai, vif. |
| Presto. | Vif, animé, rapide. |
| Prestissimo. | Très vif, impétueux. |

### TERMES AJOUTÉS AUX INDICATIONS DE MOUVEMENTS.

| | |
|---|---|
| Doloroso. | Douloureux. |
| Con espressione. | Avec expression. |
| Moderato. | Modéré. |
| Comodo. | Commode. |
| Non troppo. | Pas trop. |
| Quasi. | Presque. |
| Con brio. | Avec brillant. |
| Brioso. | Vif, agile. |
| Agitato. | Agité. |
| Scherzando. | Gai, léger, en badinant. |
| Mosso. | Animé. |
| Con moto. | Avec mouvement. |
| Molto. | Beaucoup. |
| Assai. | Idem. |

D. *Qu'indiquent les nuances?*

R. Les nuances indiquent le degré de force | ou de faiblesse que l'on doit donner aux sons dans le cours d'un morceau.

| TERMES ITALIENS. | ABRÉVIATIONS. | SIGNIFICATIONS. |
| --- | --- | --- |
| Piano. | *p* | Faible, doux. |
| Pianissimo. | *pp* | Très faible, très doux. |
| Dolce. | *dol.* | Doux. |
| Forte. | *f* | Fort. |
| Fortissimo. | *ff* | Très-fort. |
| Mezzo forte. | *mfz* | Demi-fort. |
| Sforzato. | *sf* | Forcé subitement |
| Rinforzando. | *rinf.* | En renforçant. |
| Crescendo. | *cresc.* | En augmentant de force. |
| Decrescendo. | *decresc.* | En diminuant de force |
| Diminuendo. | *dim.* | Idem. |
| Smorzando. | *smorz.* | En mourant, éteindre. |
| Morendo. | *moren.* | Idem. |
| Legato. | *leg.* | Lié. |
| Staccato. | *stacc.* | Détaché. |
| Portamento. | *portam.* | Porté. |
| Ritardando. | *ritard.* | En retardant. |
| Rallentando. | *rall.* | En rallentissant. |
| Ritenuto. | *rit.* | Retenu. |
| Accelerando. | *accel.* | En accélérant. |
| Stringendo. | *string.* | En serrant. |
| A tempo ou Tempo 1.º | | Premier mouvement. |
| Espressivo. | *espress.* | Expressif. |
| Leggiero. | *legg.* | Léger. |
| Con anima. | | Avec âme. |
| Con spirito. | | Avec chaleur. |
| Con grazia. | | Avec grâce. |
| Con gusto. | | Avec goût. |
| Con delicatezza. | | Avec délicatesse. |
| Con allegrezza. | | Avec joie, allégresse. |
| Con fuoco. | | Avec feu. |
| Calando. | | En échauffant l'exécution. |
| Con calore. | | Avec chaleur. |
| Con forza. | | Avec force. |
| Animato. | | Animé. |
| Ben marcato. | | Bien marqué. |
| Ad libitum. | | A volonté. |
| A piacere. | | A plaisir. |
| Poco a poco. | | Peu à peu. |

# DEUXIÈME PARTIE

## LEÇONS

Gamme par Rondes et Silence d'une mesure.

**N.º 1.**

Gamme par Blanches et le Silence d'une demi-pause.

**N.º 2.**

Gamme par Noire et le Silence d'un Soupir.

**N.º 3.**

Gamme par Croches et le Silence d'un Demi-Soupir.

**N.º 4.**

Gamme par Rondes, Blanches et Noires alternativement.

**N.º 5.**

Gamme par Blanches, Noires et Croches alternativement.

**N.º 6.**

Gamme pour apprendre à commencer en levant.

**N.º 7.**

Gamme avec deux Blanches sur le même degré.

**N.º 8.**

Gamme par notes syncopées.

**N.º 9.**

Gamme par intervalle de Seconde.

N.º 10

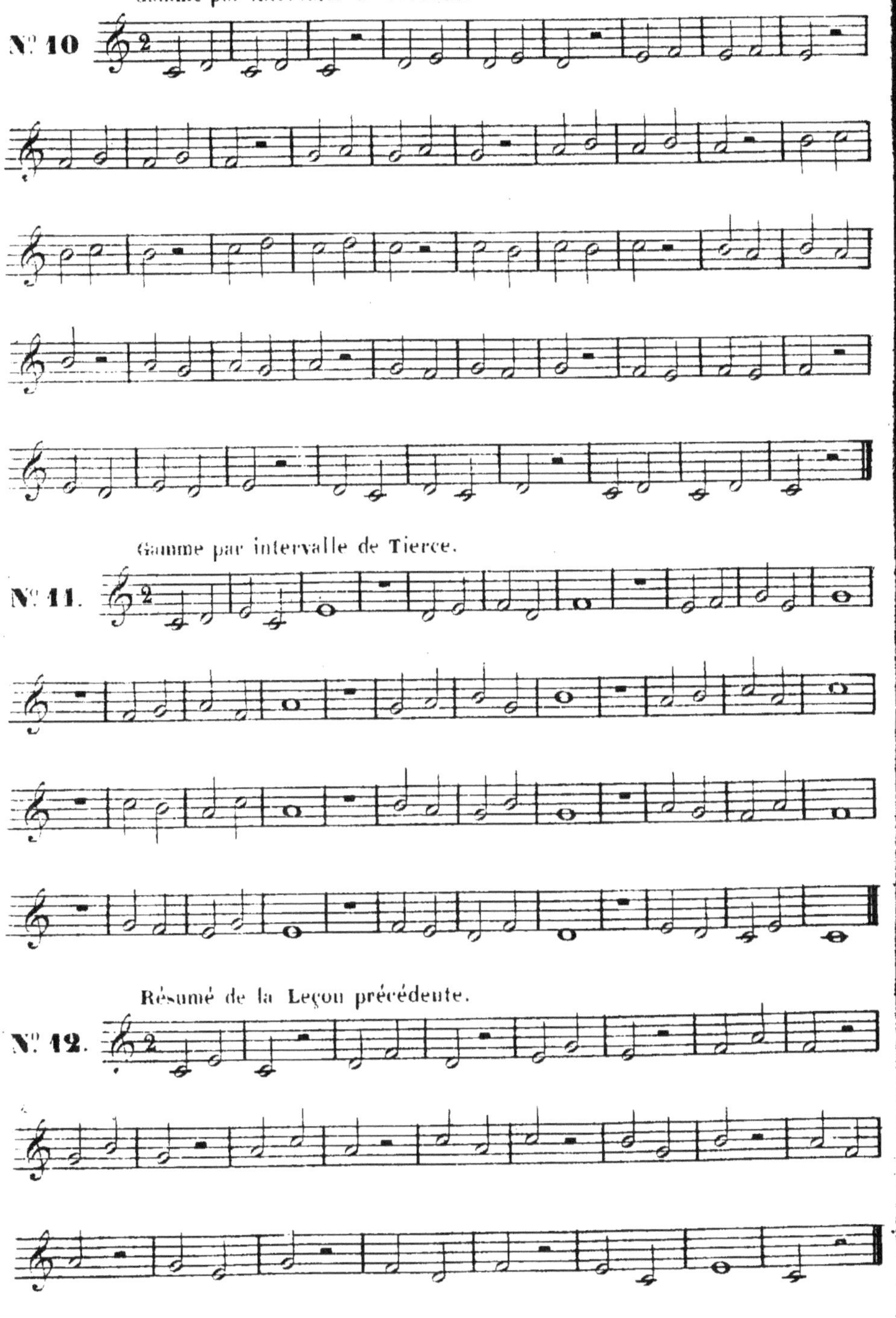

Gamme par intervalle de Tierce.

N.º 11.

Résumé de la Leçon précédente.

N.º 12.

Gamme par intervalle de Quarte.
N.º 13.
Résumé de la Leçon précédente.
N.º 14.
Gamme par intervalle de Quinte.
N.º 15.
3192

Résumé de la Leçon précédente.
N.° 16.
Gamme par intervalle de Sixte.
N.° 17.
Résumé de la Leçon précédente.
N.° 18.
Gamme par intervalle de Septième.
N.° 19.
N.° 20
N.° 21
J. F.

Résumé de la Leçon précédente.
Nº 20.
Gamme par intervalle de d'Octave
Nº 21.
Résumé de la Leçon précédente.
Nº 22.
Leçon renfermant tous les intervalles.
Nº 23.

Résumé de la Leçon précédente.
N.º 24.
Leçon pour se familiariser avec l'intervalle de Quinte diminuée.
N.º 25.
Leçon pour se familiariser avec l'intervalle de Quarte augmentée.
N.º 26.
Etendue de la voix naturelle.
N.º 27.
Leçon par Tierce de lignes en lignes.
N.º 28.
Leçon par Tierce d'espaces en espaces.
N.º 29.
Leçon par Tierce, Octaves et Dixièmes.
N.º 30.
Leçon par Tierce et Dixièmes ou Octaves de la Tierce.
N.º 31.
Leçon avec des Rondes et des Pauses.
N.º 32.

Leçon avec des Blanches.
N.º 33.
Leçon avec des Noire.
N.º 34.
Leçon avec des Croches.
N.º 35.
Rondes et Blanches.
N.º 36.

Rondes et Noires.

N° 37.

Rondes et Croches.

N° 38.

Rondes, Blanches et Noires.

N° 39.

Rondes, Blanches, Noires et Croches.

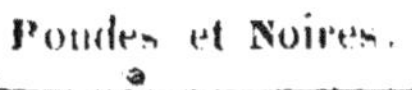

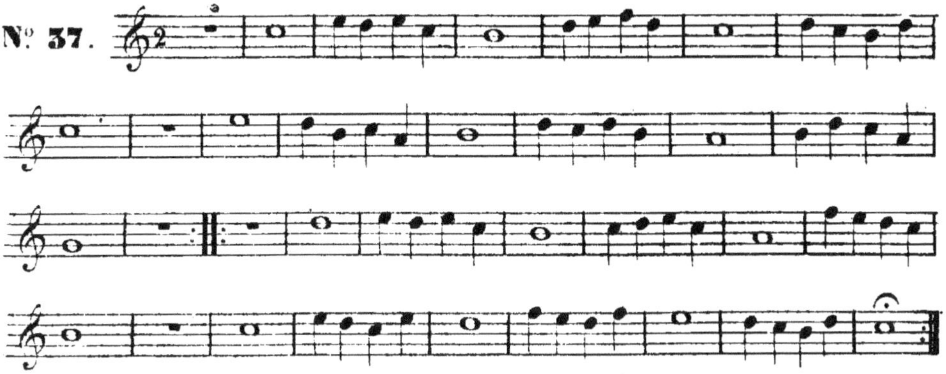

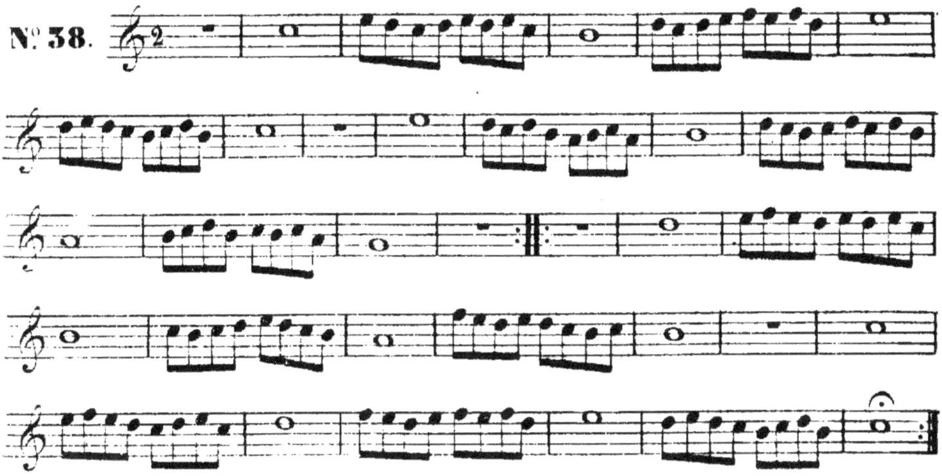

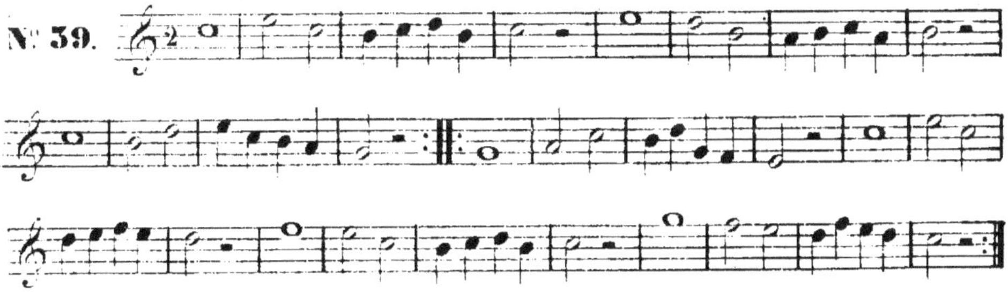

N° 40.

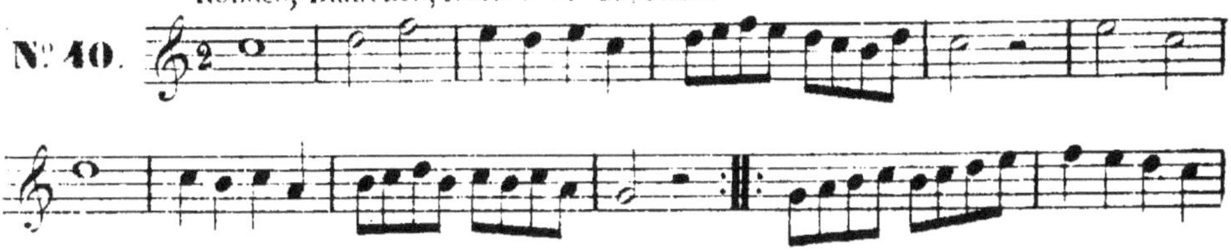

25
Leçon avec une Blanche et quatre Croches.
N° 41.
1.e fois.
2.e fois.
1.e fois.
2.e fois.
Leçon avec une Longue et deux Brèves
N° 42.
Réduction de la précédente Leçon en Noires et en Croches.
N° 43.
Leçon avec deux Brèves et une Longue
N° 44.
Réduction de la Leçon précédente.
N° 45.

Leçon pour observer la valeur du point après une Blanche
FIN.
Nº 46.
D.C.
Réduction de la Leçon précédente.
Nº 47.
FIN.
D.C.
Leçon avec des Noires pointées, des Croches et des Blanches.
Nº 48.
FIN.
D.C.
Réduction de la Leçon précédente.
Nº 49.
FIN.
D.C.
Leçon pour observer le premier temps de la mesure.
Nº 50.

La même Leçon réduite en Noires, pour obser le Soupir.
N.º 51.
La même Leçon reduite en Croches pour observer le Demi-soupir.
N.º 52.
Leçon avec deux Noires entre deux Soupirs.
N.º 53.
Réduction de la Leçon précédente.
N.º 54.
Leçon avec des Croches et un Silence au commencement et à la fin de chaque mesure.
N.º 55.

Leçon avec deux Rondes sur le même degré, faisant liaison et syncope.
N° 56.
N° 64.
Réduction de la Leçon 56.
N° 57.
N° 63.
Réduction de la Leçon 57.
N° 58.
N° 6
Réduction de la Leçon 58.
N° 59.
Réduction des quatre leçons précédentes.
N° 60.
N
Leçon avec une Blanche, faisant syncope entre deux Noires.
MODE de LA mineur.
N° 61.
N
Résumé de la Leçon précédente.
N° 62.
Résumé des Leçons précédentes.
N° 63.
J.

Leçon pour la mesure à Trois temps avec Blanche pointée.
FIN.
Nº 64.
D.C.
Leçon avec une valeur et une Brève.
Nº 65.
Leçon inverse de la précédente.
Nº 66.
Résumé des deux Leçons précedente
Nº 67.
CHANT ou SUJET.
Nº 68.
FIN.
1re VARIATION.
FIN.

(*) Abréviation du mot VARIATION.

31
FIN.
RÉSUMÉ.
FIN.
Leçon pour apprendre à syncoper deux notes égales.
No 69.
Leçon pour apprendre à syncoper une Longue et une Brève.
No 70.
Résumé des deux Leçons précédentes.
No 71.
I. F. 3192.

Gamme par Demi-tons avec des dièses.

N.º **72**. 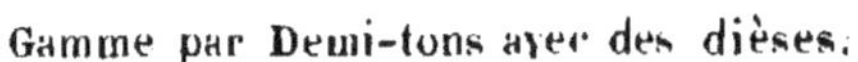

Gamme par Demi-tons avec des bémols.

N.º **72**bis 

Gamme resumée des deux précédentes.

N.º **72**ter 

Quoiqu'il y ait une différence sensible entre l'intervalle d'UT naturel à UT dièse et l'intervalle d'UT naturel à RÉ bémol, néanmoins l'on est convenu pour la facilité de l'intonation, d'identifier, si j'ose le dire, ces deux intervalles, en un mot n'en faire qu'un. De sorte qu'après avoir fait entendre UT naturel, on peut en montant d'un demi-ton, dire UT dièse ou RÉ bémol indistinctement, c'est ce qu'on appelle synonyme ou même chose.

Sur l'orgue, l'harmonium, le piano-forte, etc, la même touche fait UT dièse RÉ bémol, RÉ dièse MI bémol etc.

Leçon pour les notes d'agrément.

N.º **73**. 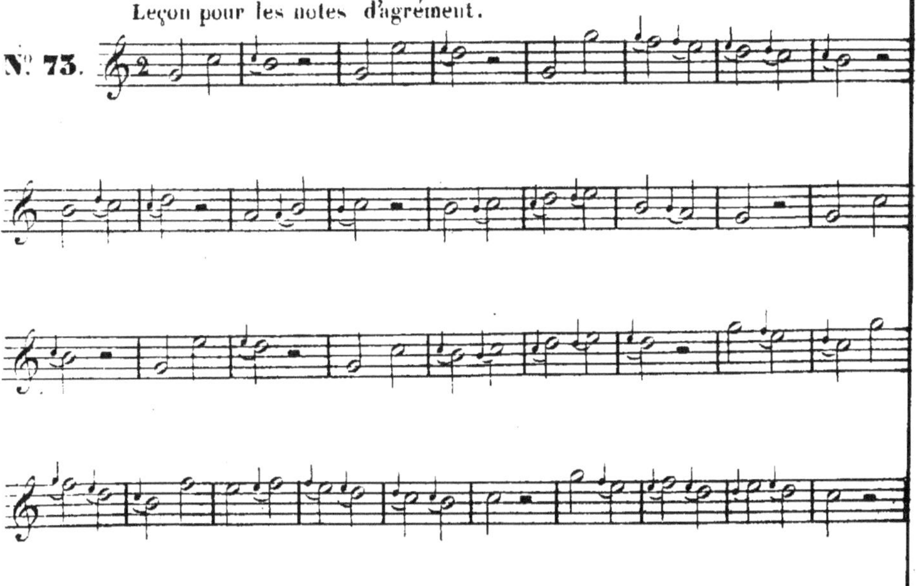

N.° 74
Leçon pour familiariser avec le premier dièse et le premier bécarre.
N.° 75
Allegretto
N.° 76

Allégretto.
N.º 77
Andante.
N.º 78
Leçon pour se familiariser avec le Sol dièse accidentel.
N.º 79

Andantino.
N° 80
Andantino.
N° 81
Andantino.
N° 82
tr
Leçon pour se familiariser avec les deux premiers dièses.
N° 83

Andante.
N° 84
Allegretto.
N° 85
Allegretto.
N° 86

La même leçon que la précédente mise à six-huit.
N.° 87.

Andante.
N.º 88
Andante.
N.º 89
Réduction de la leçon precedenté au moyen de la mesure a trois-huit
N.º 90
Andante.
N.º 91

Réduction de la leçon précédente au moyen de la mesure à trois-huit.
N.º 92
Grazioso.
N.º 93

Leçon pour se familiariser avec le Ré et le La dièses accidentels.
N° 94
Andante.
N° 95
Allegretto.
N° 96
1
2
tr
Leçon pour se familiariser avec les deux premiers bémols.
N° 97

Andantino.
N? 98
Allegretto.
N? 99

Allegro.

Nº 100

Leçon pour se familiariser avec l'Ut et le Sol dièses accidentels.
N° 101
Allegretto.
N° 102

N.º 103
Leçon pour se familiariser avec l'Ut et le Sol dièses.
N.º 104
Moderato.
N.º 105

Moderato.
N.º 106
Moderato.
N.º 107
Moderato.
N.º 108

N.º 110
Andante.
N.º 109
N.º 111

Andante.
N.º 110
Réduction de la leçon précédente au moyen de la mesure à deux-quatre.
Andante.
N.º 111
MARCHE.
N.º 112

Moderato.
N.º 113
Andantino.
N.º 114
Leçon pour se familiariser avec le La et le Mi dièses accidentels.
N.º 115

N.° 116.
Allegretto.
N.° 117.
N.° 118.
tr

Leçon pour se familiariser avec le Mi et le La bémols.
N.º 119.
Andantino.
N.º 120.
Moderato.
N.º 121.
tr
1.ª
2.ª

Andantino.

N.º 122.

52
All.tto moderato.
Nº 123.
I. F.

Allegretto.

N.º 124.

Leçon pour se familiariser avec le Fa et l'Ut dièses accidentels.

Leçon pour se familiariser avec le Sol et le Ré dièses.
N.º 128.

Allegro.

N.º 129.

MINEUR.

MAJEUR

Leçon pour se familiariser avec le Mi et le Si dièses accidentels.

N.º 130.

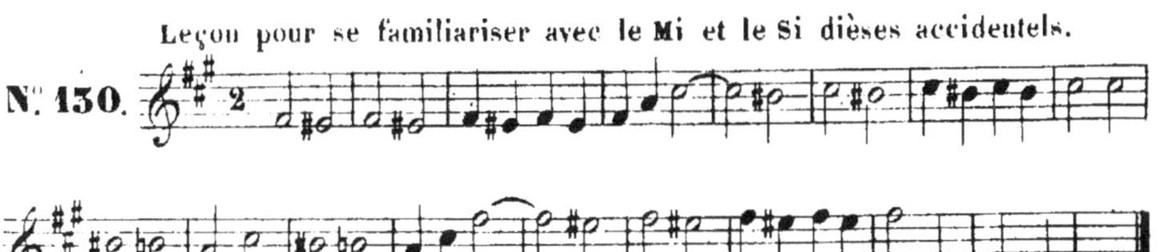

Adagio.

N.º 131.

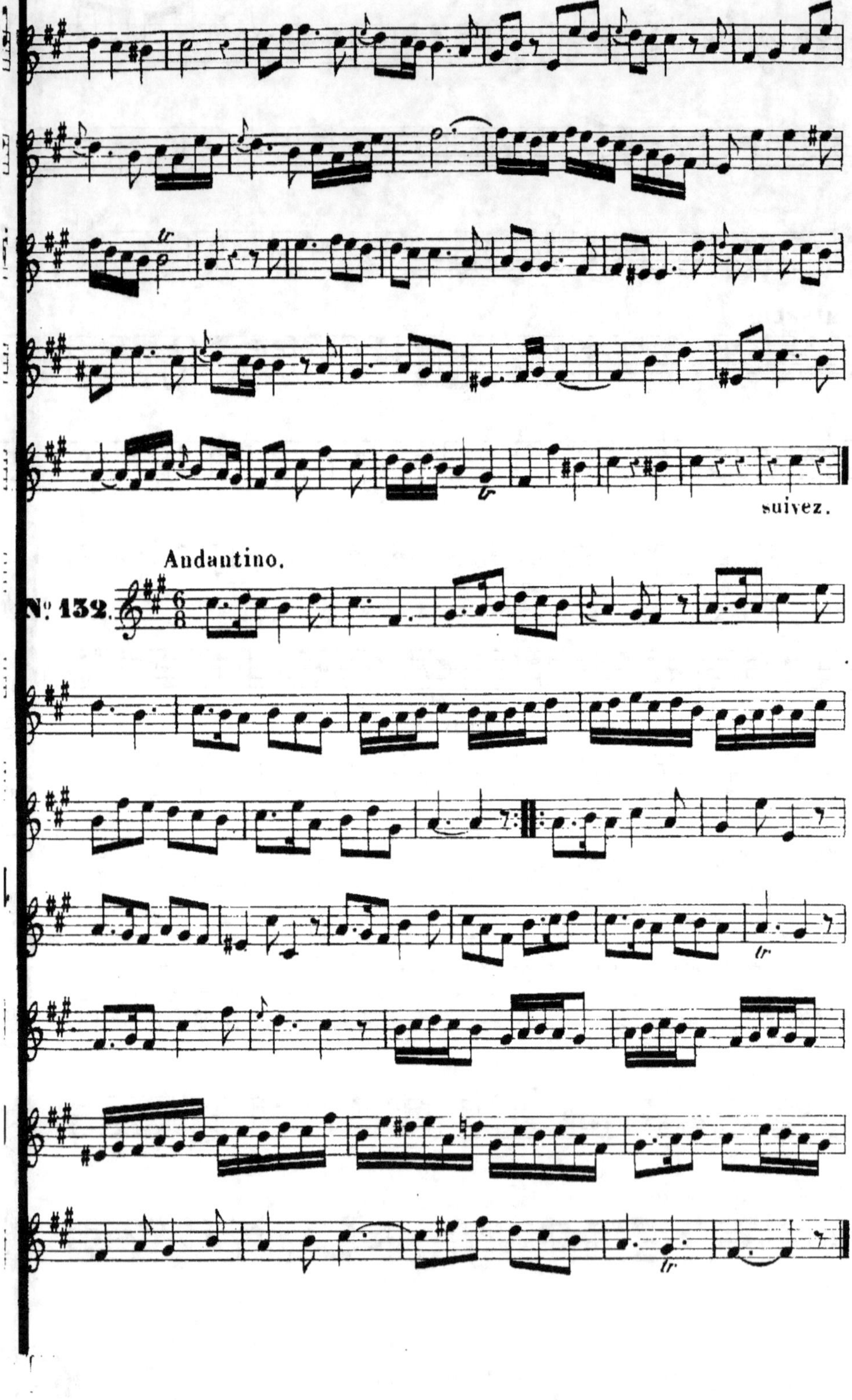
tr
tr
suivez.
Andantino.
Nº 132.
6/8
tr
tr

58
Allo moderato.
No. 133.

**All.º moderato.**

N.º 134.

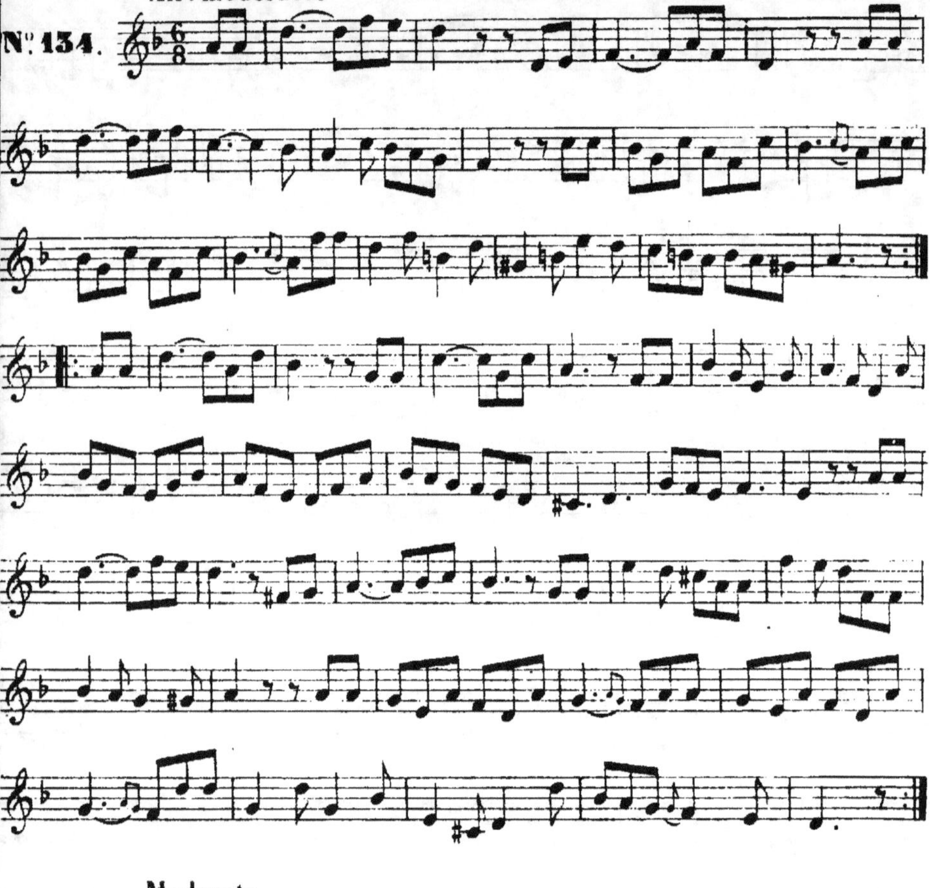

**Moderato.**

N.º 135.

Leçon pour se familiariser avec le La et le Ré bémols.
Nº 136
Allº moderato.
Nº 137.

Moderato.

Nº 138.

Andantino.

Nº 139.

Adagio.

Nº 140.

Allegro.

Nᵒ 141.

FIN.

D.C.

Leçon pour se familiariser avec le premier bécarre accidentel.

**N.º 142.**

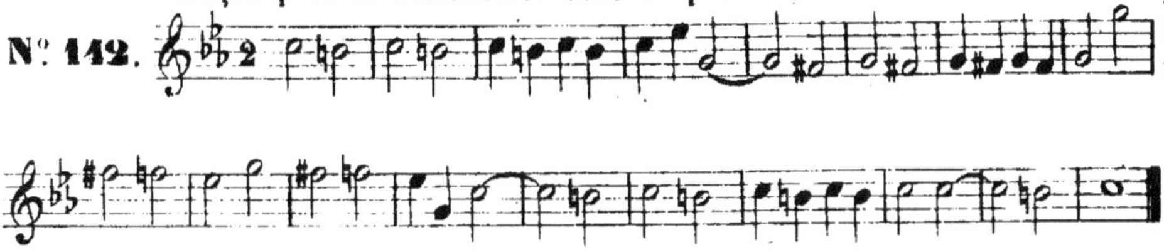

Allº moderato.

**N.º 143.**

Leçon pour se familiariser avec le La♮ et le La dièses accidentels.
N.º 144.
Moderato.
N.º 145.

Adagio.
Nᵒ 146.

Andante.
N.º 147.
tr
tr

Moderato
Nº 148.
Leçon pour se familiariser avec le Si dièse accidentels et le Fa double-dièse
Nº 149.

Andante.
Nº 150
Andantino.
Nº 151.

Allo. moderato.
No 152.
6
8
tr
tr

Leçon pour se familiariser avec le Ré et le Sol bémols.
N.º 153.
Moderato.
N.º 154.
1ª
2ª
tr

Andante.
N.º 155.
Andantino.
N.º 156.
tr

Allegretto.
N.º 157.

Leçon pour se familiariser avec le Mi et le Si bécarres accidentels.
N.º 158.
Allº. moderato.
N.º 159.

Andante.
N.º 160.
N.º 161.
Leçon pour se familiariser avec le La et le Mi dièses.

Affettuoso.
N.º 162.
Allegretto.
N.º 163.

Moderato.
N.º 164.
2.ª VAR.

2ᵉ VAR.
Andante.
Nº 165.
1ʳᵉ VAR.
2ᵉ VAR.

Affettuoso.

Nº 166.

I..F..3192.

Leçon pour se familiariser avec le Fa et l'Ut double-dièses accidentels.
Nº 167.
Allegretto.
Nº 168.
tr
1ª
2ª

Leçon pour se familiariser avec le Sol et l'Ut bémols.
N.º 169.
Adagio.
N.º 170.

Allegro moderato.
N.º 171.
Leçon pour se familiariser avec le La et le Mi bécarres accidentels.
N.º 172.
Andantino.
N.º 173.
3.ᵉ fois.
FIN.
1.ʳᵉ fois au signe
2.ᵉ fois au majeur.
tr
tr
I. F. 3192.

D.C.
D.C. MAJEUR
Moderato.
Nº 174.
tr
tr
D.C

Leçon pour se familiariser avec le Mi et le Si dièzes.
N.º 175.
Allegro.
N.º 176.
tr
tr
tr
tr
Leçon pour se familiariser avec l'Ut et le Sol doubles dièzes.
N.º 177.

Allegro moderato.

N.º 178.

N.º 179.

Andantino.

N.º 180.

Leçon pour se familiariser avec le Ré et le La bécarres accidentels.

N.º 181.

Moderato.

N.º 182.

Moderato.
N.º 183.

Allegro moderato.
N.º 184.
I.

Moderato.
N 165.

Allegro moderato.
N.º 186.

Allegro moderato.

N.º 187.

Allegro moderato.
Nᵒ. 188.

Imp. MICHELET et Cie F.g St. Denis 51.